어따 대고

한국의 단시조
040

어따 대고

김춘기 시집

책만드는집

| 시인의 말 |

살아온 날의 가르침으로, 매일 오는 첫날을 공손히 모신다.

곶자왈의 사철 푸른 녹나무와 하늘과 바람까지
가족으로 들여놓으니 마음이 멀리까지 닿는다.

설렘으로 들렘으로 색소폰을 불고 캐리커처도 그리지만,
늘 시조가 곁을 지켜준다.

2025년 늦가을날, 김춘기

| 차례 |

5 • 시인의 말

1부 허리케인

13 • 해탈
14 • 사하라, 갈증 풀다
15 • 외계 행성
16 • 폭풍 전야
17 • 궤변, 벼락거지
18 • 순천만 갈대
19 • 허리케인
20 • 경적
21 • 피라미
22 • 제주 억새
23 • 신 노들강변
24 • 기상이변
25 • 엉또폭포 2
26 • 북촌리 동백꽃
27 • 코로나, 평등 이루다
28 • 하늘 울음

2부　초음속 시대

31 • 순정공업사 적자 장부
32 • 허공에 살다
34 • 유리천장 깨다
35 • 청년 K, 아침
36 • 고뿔
37 • 제주도 달
38 • 초음속 시대
39 • 노량진 매미 울음
40 • 바람의 말
41 • 공
42 • 대정 오일장
43 • 서울 그림자
44 • 도미노 거리
45 • 오후 한나절
46 • 못 3
47 • 신 주례사

3부 이구아수폭포

51 • 살구나무 손말
52 • 부슬비
53 • 젖니 솟다
54 • 메밀꽃
55 • 다도해
56 • 백령도 몽돌해안
57 • 모슬포, 겨울 별자리
58 • 애월은
59 • 고비사막, 겨울 한 컷
60 • 수행
61 • 이구아수폭포
62 • 밤비
63 • 제주 산담
64 • 월경
65 • 푸른 별 연금
66 • 가평천

4부　돌풍

69 • 베링바다 그물질
70 • 바다 교향곡
71 • 곡선
72 • 가을
73 • 봄비
74 • 어머니 손
75 • 해진 구두
76 • 활
77 • 캄보디아 칼란디바
78 • 아이티 아나이스
79 • 어따 대고
80 • 당케포구 먼나무
81 • 아버지 등
82 • 국보 1호
83 • 돌풍
84 • 티베트 얄룽창포강

5부   개기일식

87 • 지천명 골드미스 정
88 • 홍수
89 • 라쿤
90 • 한라산 중공업지구
91 • 개기일식
92 • 슬픈 부부
93 • 시간은 약이 아니다
94 • 패자 부활전
95 • 지평선
96 • 대이작도 소식
97 • 초당동 반딧불이
98 • 증기 기관차
99 • 독도
100 • 비치미오름에 피는 꽃
101 • 백목련
102 • 봄을 발간하다

103 • 해설 _ 이송희

1부
허리케인

해탈

태백산 눈사태에
늙은 주목 팔 꺾였다

천년의 극한 수행
눈썹 꽃 핀 저 신선神仙들

천탑天塔은
또다시 천년
하늘 뼈로 버틸 것이다

사하라, 갈증 풀다

등활지옥_{等活地獄}* 불 사막에
작달비 진을 쳤다
카멜레온 도마뱀
사구 넘는 피란 행렬…

만 년 전
호숫가 밀림
다시 갈증 풀고 있다

---

* 팔열지옥_{八熱地獄}의 하나. 뜨거운 열로 고통을 받아 죽었다가 찬 바람이 불어와서 살아나면 다시 뜨거운 고통을 받는다는 곳.

외계 행성

줄곧 단칸방에 산다
전셋집이 내 꿈이다

가을엔 외딸내미
시집보내야 한다

강 건너 하늘 아파트
외계 행성 어지럽다

폭풍 전야

하청 업체 프레스가
외당숙 손 압착했다

회사는
커튼 닫고 문제 해결 시도했다

J 기자
사건 전모를 이미
타이핑하고 있었다

궤변詭辯, 벼락거지

A 후보는 아파트값
확 내리겠다 하구요
B 후보는 무조건
제값 보장하겠답니다

우리는 벼락거지랍니다
그 괴물이
오르든, 내리든

순천만 갈대

답답해 묻습니다

평등이 무엇입니까?
공정이 무엇입니까?
마지막으로 정의는요?

긴 겨울
밀어내고서

민초들이 일어섰다

허리케인

외눈박이 허리케인
수풍水風 대작전 펼쳤다

길 잃은 미시시피강
눈물에 잠긴 뉴올리언스*

도시는 바다가 되고
집들은 배가 되었다

---

* 미국 루이지애나주 남부의 도시. 미시시피강 근처로 주로 흑인들이 산다. 2005년 허리케인 카트리나로 도시가 물에 잠겨 1천억 달러 이상의 재산 피해를 입었다.

경적

구급차가 울며불며
강변북로 질주한다

갓 결혼한 젊은 가장
대장암 말기란다

여의도
보험회사 빌딩
밤늦도록 환하다

피라미

상류로 날아가는 M16 실탄들
폭풍우 강심에서 탁류 물살 가르는

작아도
어기찬 반골이
바꿨구나, 세상을

제주 억새

눈꼴신 세상 벤다
노꼬메오름 억새가
가면 쓴 나리님들
미끄러운 혀 베어낸다

바람도
낫 들고 올라와
보이는 족족 벤다

신 노들강변

사시사철 여의도엔 철새 잡새 모여 살지

툭하면 살쾡이 탈 발톱 서로 드러내고…

텃새들 수양버들에 앉아 마른 혀 차고 있다

기상이변

아마 뭔 일 있나 보다
오월 초순 소나기눈

텃밭 상추 날개 달고, 이팝나무 이밥 짓는데…

집 나온 두꺼비 무당개구리
맨발 죄다 얼고 있다

엉또폭포 2

태풍 '풀라산' 지난 자리
몸부림치는 물의 울음

한라산 남벽 아랫배
CT 찍어봐야겠다

며칠째 하혈 중이다
제주도가 심상치 않다

북촌리 동백꽃

그 길밖에 없다 해도
겨우내 필 것이다
온몸 뼛골 쑤셔도
왜바람 맨살 베어도

내 목이
잘릴지라도
피를 토할지라도

코로나, 평등 이루다

약육강식 슬픈 행성
일시 평등 이루었다

유라시아도
아프리카도
아메리카도
금수강산도

다 함께 부리망 쓰고
아픈 지구 살피고 있다

하늘 울음

이 세상 속상한 일들
가슴 가득 쌓이는 날

하늘도 엉엉 운다
우레로 밤 지샌다

그 마음
환히 풀리면
무지개도 띄우면서

2부
초음속 시대

순정공업사 적자 장부

땡볕 공단 순정공업사
들숨 날숨 힘에 겹다

휘어진 햇살 늘어진 벨트
기계실 끓는 냉각수

목 잠긴
엔진 소리가
적자 장부 넘기고 있다

허공에 살다

몸살에도 허공에 산다

외
줄

 벼
랑

황
 사

  협

   곡

타워펠리스 창문 닦는
방글라데시 청년 라-만

진한 향
일리시 맛샤*가
어머니 품처럼 그립다

* 방글라데시의 대표 생선 '힐사'를 강황과 향신료로 조리한 요리.

유리천장 깨다

보라매공원 블록 틈새에 민들레꽃 핀다

백운대 벼랑에서 토종 소나무 큰다

보육원 살던 김방굿 희망보육원장 되었다

청년 K, 아침

밤새운 별 귀가하자
새날 바로 문 연다

롯데타워 어깨 위로 도약하는 푸른 허공

반지하
창틈으로 배달되는
말라빠진 햇살 조각

고뿔

한밤중 뇌우였다
화산 불길이었다
지진 쓰나미였다
도리깨바람이었다

딱 사흘
곡기 끊고서
말개졌다, 대낮처럼

제주도 달

서울에서 보던 달은
낡은 플라스틱 병뚜껑

공산성에 뜬 달은
양은냄비 바닥이었고

제주도
왕이메오름 달은
황금 양푼이었다

초음속 시대

케이티엑스
탄환처럼 시간을 압축한다
콩코드기
초음속으로 성층권 관통한다

나는야
심야 편의점으로
교대 간다, 마을버스로

노량진 매미 울음

새벽부터 울어댄다
노량진 참매미들

공시학원 이마에 붙어
길가 벽보 바라보며

고학력
고스펙 발길이
컵밥집에 북적인다

바람의 말

내, 부드러운 손길로
이마 쓰다듬어도

너는, 결코 볼 수 없지
주머니에 넣을 수도 없지

행복은
차롱 속 바람일 뿐이야
마음에나 담을 수 있는

공空

게으른 해 졸고 있는
뒤란 돌배나무에

울음마저 출가한
참매미 빈집 한 채

비움이
채움이라며
한 점 바람도 비웠다

대정 오일장

가파, 마라도
재갈매기
난전 펴는 모슬포

애월 뚱보
협재 아지매
안덕 할망
성산 노총각

목청껏
들물, 날물과
흥정하는 눈망울들

서울 그림자

한남대교 119 경적
서울이 또 응급실행이다

가장 어깨가 짊어진
강변 아파트 겹겹 그림자

암 병동
계단 맨 아래
선풍기도 비정규직이다

도미노 거리

가능역 앞
골목골목
개업하는 통닭집들

전직 회사 부장님도
명퇴한 우리 친구도

한겨울
칼바람 거리
얼굴 계속 바뀌고 있다

오후 한나절

눈물도 콧물도 마른
홀아비 오후 한나절

고추잠자리 비행하는 컨테이너 위 빨랫줄

외동딸
교복 혼자서
하늘하늘 춤판이다

못 3

힘주어 박을수록
멀리 튕겨 나갔다

큰 망치 들자마자
그대로 부러졌다

청년은
세상 맨 끝에
운동화만 남겼다

신 주례사

검은 머리
파뿌리 되도록
참고 살라 해야 할까나

빨-주-노-초-파-남-보
개성주의 세상에서

두 성깔
서로 품으며
푸른 강물 되라 했다

3부
이구아수폭포

살구나무 손말

가온이네 집
울 뒤
만개한 살구나무

이른 새벽 얼굴 씻고
가지 연신 흔든다

지난밤
별일 없었느냐고
안부부터 묻고 있다

부슬비

반지하 눅눅한 골방
마주 앉은 노부부

TV도 끄고 종일
주고받는 남도 사투리

어릴 적
두메나 산골
난곡에서 보았다

젖니 솟다

새봄 뒷골 텃밭에
순서 없이 돋는 움

오이 아욱 가지 고추 치커리 상추 토마토

손녀딸
말캉한 잇몸에
젖니 솟아오른다

메밀꽃

광해악* 메밀밭을 달빛 물든 별밭이라데
어느 시인은 신안바다 천일염전이라 하구

울 엄마
피붙이 걱정
사철 눈물인데 말야

* 서귀포시 안덕면에 있는 기생화산. 오름의 상부가 게의 등같이 생겼다 하여 이름이 붙여졌다. 다른 이름으로 넙게오름, 광챙이오름 등이 있다.

다도해

고흥 쪽빛 바다는 품 넓은 어머니

울먹이는 아이들
안아주고 젖 물린다

팔영산 여덟 형제도 그 젖 먹고 자랐다

백령도 몽돌해안

바다사자 달빛 군무

그 곁 윤슬 잔물결

국경 바다 지키려

한 척 군함이 된 섬

월광의 동자승들이

기도 중이네, 올망졸망

모슬포, 겨울 별자리

송악산 달마실길 별이 뜨는 밤바다

       황소

 큰개

       쌍둥이

작은개

   오리온

     마차부

외뿔소   **토끼**

배마다 집어등 달고 방어잡이 한창이다

애월은

한라산 오름 물결이
애월 바다 만들었다

새별-천아-**고내**-**노꼬메**-**바리메**-**노로**-한대-검은데기

사계절
그녀 가슴엔 태평양이 철썩인다

고비사막, 겨울 한 컷

좀생이 햇살
앙감질하는
게르 곁 개구쟁이들

황사 아래 차디찬 손
모닥불 피웁니다

눈치챈
모래 먼지 바람
속도 낮춰 갑니다

수행

비암리 집집에서
개숫물 스며들고

외양간
우공牛公 배설물
받아내 온 발랑지

삼백 년
연꽃 향기에
산도, 들도 눈 감는다

이구아수폭포

악마의 목구멍은 물의 블랙홀이다
아나콘다 맨몸으로 선착순 투신한다

제2막
노아의 홍수
등뼈 세운 삼백여 어룡들

밤비

태풍 전야 자정처럼
적막 가득 쌓인 산장

동박새 섬휘파람새
구슬 눈알 궁굴리고

비올라 콘트라베이스 화음

온 숲이
눈 감고 있다

제주 산담

산굼부리 무릎 아래
가족 이룬 산담*들

오롱조롱
삐뚤빼뚤
엽서처럼 누워있다

별이 된
할망, 하르방
밤새도록 쓴 편지들

* 제주도에서 주로 볼 수 있는 무덤의 주위를 둘러싼 사각형 현무암 돌담.

월경越境
-애기봉에서

바람 없이 길 나서는
구름도 있다던가

늦은 가을 해 질 녘
임진강 넘는 쇠백로 한 쌍

그리움 없이 사는 이들
이 세상에 있을까나

푸른 별 연금

봄 산 - 신상 패션쇼
여름 강 - 물고기 합창
가을 산악 - 불꽃 대축제
겨울 밤하늘 - 보석 전시장

누구나 무상으로 받는 푸른 별 연금이죠

가평천

수수만년 바람 눈비
화악산에 탯줄 달고

하늘 벼랑 굽이도는
수심 깊은 품 안에서

우리 땅 줄몰개 납지리 대를 이어 살고 있다

4부

돌풍

베링바다 그물질

산다는 건
어쩌면 난바다 한 척의 배
베링바다 떠도는 유빙
그물질 끝이 없는

가장의
근육질 팔이 자식 쑥쑥 키웁니다

바다 교향곡

깊은 밤 적도 바다
느린 왈츠 춤을 춘다

온음표
2분음표
4분음표
16분음표

배부른
만선 뱃고동
모여드는 갈매기 떼

곡선

늘상
바삐 지름길로
직진했던 나의 날들

그 길이
어떤 이데올로기라 쳐도

때로는
굽은 오솔길
아날로그 뒤돌아본다

가을

철딱서니 그 계절이
국경 넘어 또, 왔구나

큰형님은 한의원
형수는 정형외과로

올가을
소슬바람도
무릎마다 둥지 틀었다

봄비

어머니 약손이다
아버지 눈물이다
아내의 웃음이다
손주 배냇짓이다

오늘은
막내 딸내미
첫 발령 소식이다

어머니 손

모슬포 중앙시장
생선 장수 울 어머니

관절 부은 손가락마다
지문 사라졌습니다

손금이
모두 손등으로
주소 이전했습니다

해진 구두

휴일에도 말없이
매무새 또 고치고

가족 무게 등에 진 채
계단 오르내린다

꺾이고
해진 몸뚱이…
숨 가쁠 틈도 없다

활

아버지는 자식들을
서울로 쏘아 올리셨다
그 곁에서 더불어
활이셨던 어머니

박물관
중앙에 걸려있는
등 굽은 활 올려다본다

캄보디아 칼란디바

땡볕 볶는
시엠립 앙코르와트 길목

엽서 사세요
목걸이도요
일 달러요, 손 내미는

맨발로 돌담 밑에서
가난 파는 단발머리

아이티 아나이스

아이티* 소녀 아나이스
실눈 떴다가
다시 감는다

한 조각 진흙 과자
종일 오물거리면서

아마존
맹그로브로 오렴
이다음 세상에서는…

* 카리브해의 중앙에 있는 히스파니올라섬 서부의 작은 국가. 세계적으로 매우 가난한 나라 중 하나이다.

어따 대고

용광로 쇳물처럼
녹아내리는 심장

세방낙조 끓는 태양
수평선과 포옹한다

사랑은
끝이 없는 것
어따 대고, 나이를 대노

당케포구 먼나무

윗세오름 관목들
폭설에 묻힌 겨울

당케포구 먼나무
보석 같은 열매들

뒤늦게
등단한 시인
피를 토한 문장이다

아버지 등

수작골 땡볕 매고
뫼山 지고 오신
너럭바위 등

잘 삭혀 제맛 나는 흑산도 홍어 냄새

땀방울
흠흠거리며
네 남매가 자랐다

국보 1호

아닌데요
태풍 때문은
지진 때문은 더더욱요

반만년 인구 탑이
중심 벌써 잃었지요

하지만
더럭초등학교엔
신발 가득합니다

돌풍

먼, 먼바다 달려와 황소처럼 우는 아들, 편의점 알바 접고 외항선에 올랐지만

선사船社가
부도라면서

아비 가슴 또, 훑네

티베트 얄룽창포강

구름 위 칼 봉우리
목청 굵은 협곡 물결

만년설 머리에 이고
수천만 년 견뎌온

저 산은 우리 아버지
푸른 강은 어머니

5부
개기일식

지천명 골드미스 정

서점 베스트셀러 제목만 보는 그녀

온 세상 것 맘이 쏠려
버킷리스트도 오만 가지

최신판
겉장만 넘기다가 강이 말라버렸다

홍수

긴 가뭄 목 타던 도시
작달비 퍼붓는다

국지성 돌풍에다
덤으로 뇌우까지

선거철
메시지 범람에
맨홀 뚜껑 뒤집힌다

라쿤

북미산 털 코트에
마스카라 눈길, 꿰였다

만년설 로키산맥
바람이 키운 라쿤*

이태원 쇼핑몰에서
강남 복부인 낚고 있다

* 아메리카너구릿과에 속하는 포유류 동물. 회색 긴 털이 특징이며, 꼬리에 검은색 줄무늬가 있다.

한라산 중공업지구

백록담 잔설 녹자
터 파기 끝낸 철쭉 군락

남벽 아래 이백만 평
중공업지구 준공했다

한라산 종합제철소
저 용광로 쇳물, 쇳물…

개기일식

금모래 해변 뙤약볕
올레길 걷다가
냉수 급히 마시던 중

순간 실신하였다

잠시 후
아내 품에서 서서히 눈을 떴다

슬픈 부부

칠십 년 눈길 이어
바라보고 있습니다

합창 무대 단꿈 꾸는 설악산 금강산

휴전선
그어진 바다
매일 울먹입니다

시간은 약이 아니다

아내 가슴에 박아놓고
시치미 떼며 살던 그, 못

지우면 지울수록
더욱 깊이 박혔다

시간은
약이 아니었다
이순 지나 알아챘다

패자 부활전

법원리 민주 아재
편의점 말아먹고
송추 친구 빚보증에
빌라까지 날렸지만

삶이란
토너먼트가 아닌 것
눈빛 아직 살아있다

지평선

바람처럼 내달려도 좁혀지지 않는 거리
반백 년 달음질에도
끝내 닿지 못한 입술

축지법
한 번 동원해 품에 안고 싶다, 그녀

대이작도 소식

가마우지 상모춤 따라
파도 밀며 오는 봄

불혹 넘은 외아들 잔치
재갈매기 노랫소리

어머니
주름진 얼굴에
만다라 달 뜨고 있다

초당동* 반딧불이

젊은 날 강릉고교
야간자율학습 시간

손마다 도시락 든
어머니 누나 형수

솔밭길 환히 밝혔지, 손전등 앞세우고

---

* 강릉고등학교가 있는 바닷가의 행정동 이름. 초당이라는 지명은 허균과 허난설헌의 아버지 허엽의 호를 따 지어졌다.

증기 기관차

구십 평생 달려온
증기 기관차 아버지

휘굽은 철길 위에
그림자처럼 서계신다

강 건너
종착역에서
손짓하는 어머니

독도

당신은 돌섬 아닌
바다 저 끝 끓는 심장

줄파도 막아내는
토종 고래 외고집이죠

반만년
척후병이죠, 금수강산 보물이죠

비치미오름에 피는 꽃

생각 없이 피는 꽃이
이 세상에 있을까나

비치미오름 가슴팍에
피고 지는 들꽃 무리

4.3 때
별이 된 아이들
여기 와서 울고 있다

백목련

불곡산 자락 눈썹달이
여우고개 넘던 그날

반딧불이 팔짱 끼고
별이 되어 떠난 어머니

올해도
마당 어귀에
편지 가득 보내셨군요

봄을 발간하다

산녘
들녘
강녘 모두
신간 발간 중이다

인쇄되는
식물도감
만개하는 온갖 들꽃

쇠박새
깝작도요도 왔다

서점마다 만원이다

해설

작고 느린 것들의 슬픈 저항

이송희 시인·전남대학교 교수

1.

시인의 역할은 단지 세상을 묘사하는 데 그치지 않는다. 시인은 빠르게 흐르는 일상과 시대의 소음 속에서, 쉽게 지나치는 것들에 시선을 머무르게 하는 존재다. 그것은 침묵 속의 소리이고, 부재 속의 존재며, 꺼져가는 불빛 너머의 희미한 생이다. 시인은 비워진 자리, 기울어진 삶, 다름과 상처가 머무는 공간을 응시하며, 그곳에 새로운 언어를 불어넣는다. 시인이 바라보는 곳이 중심이 아니라 가장자리, 주류 담론이 아닌 삶의 틈새인 이유다. 그리고 그 응시의 깊이만큼 시는, 단단해진다. 시인의 말은 때로 조용하지만, 그 고요 속에 세상의 방향을 되묻는 힘이 있다. 김춘기 시인은 단시조집 『어따 대고』에서 현대 사회 속에서의 존재의 본질, 관계의 의미, 그리고 사회적 약자의 목소리를 섬세하게 조명하며, 삶의 방향을 다시 묻는 시적 사유의 장을 펼쳐낸다. 「공空」에서 보이듯, 시인은 비움과 정적의 미학을 통해 삶의 본질을 들여다보고, 「곡선」에서는 속도와 효율 중심의 사회를 벗어나 느림과 성찰, 비효율의 가치를 복원한다.

또한 「신 주례사」 「궤변詭辯, 벼락거지」 「청년 K, 아침」 등에서는 개인의 삶과 감정이 구조적 불평등과 사회 이데올로기에 의해 어떻게 흔들리는지를 드러내며, 개성과 차이, 주변성의 윤리적 회복을 끈질기게 호명한다. 그의 이러한 시 세계는 질 들뢰즈의 '되기becoming' 개념처럼, 고정된 존재가 아니라 흐름 속에서 계속 생성되고 변화하는 삶의 과정을 강조하는 듯하다. 동시에 에마뉘엘 레비나스의 '타자 윤리'처럼, 각기 다른 존재들이 서로를 억누르거나 동화시키지 않고, 다름을 그대로 '품으며' 살아가는 공존의 태도를 시적 언어로 구현한다. 이 시집은 짧고 깊은 울림으로, 무엇보다도 낮고, 느리며, 작은 것들에 대한 예민한 시선을 통해, 속도와 성과로 지배되는 세상에 대한 조용한 저항이자 대안적 삶의 가능성을 제시한다.

2.

　　게으른 해 졸고 있는
　　뒤란 돌배나무에

　　울음마저 출가한
　　참매미 빈집 한 채

　　비움이
　　채움이라며
　　한 점 바람도 비웠다
　　 －「공空」전문

　이 시는 자연의 정적인 풍경을 통해 존재와 부재, 비움과 채움의 철학적 관계를 탐색한다. "게으른 해 졸고 있는/ 뒤란 돌배나무"로 시작되는 도입은 한가롭고 정적인 자연의 모습을 보여준다. '게으른 해'와 '졸고 있는 돌배나무'는 시간의 느슨한 흐름과 계절의 전환기를 암시하며, 자연 사물이 일시적인 정지 상태에 들어간 듯한 인상을 준다. 이는 여름이 끝나고 가을이 막 시작된 시점을 암시하면서, 시의 전반적인 분위기를 만든다. 시인은 매미의 부재를 통해 존재의 의미를 되묻는다.

"울음마저 출가한/ 참매미 빈집 한 채"라는 표현에서 매미는 더 이상 울지 않으며, 그 존재조차 자리를 떠났다는 것을 알 수 있다. 여기서 '출가'라는 단어는 세속을 떠나는 초월적 의미를 품는다. 울음이라는 생의 징표가 사라진 자리에 남은 것은 매미의 빈 껍질, 즉 '빈집'뿐이다. 이 이미지는 부재가 곧 존재의 흔적이 되는 아이러니를 드러낸다. 존재는 오히려 사라짐으로써 더욱 선명한 기억을 남긴다.

"비움이/ 채움이라며/ 한 점 바람도 비웠다"는 종장의 구절은 불교의 '공空' 사상을 연상하게 한다. 비어있음이 곧 채움이라는 역설을 통해, 시인은 무無의 상태에서 오는 평온과 순수성을 제시한다. 바람조차 없는 완전한 정적 속에서 시인은 진정한 채움을 발견한다. 존재의 본질은 물질적 충만함이 아닌, 비워냄 속에서 찾을 수 있다. 매미가 떠난 자리에 남은 빈집과 바람조차 없는 풍경은 단순한 자연 묘사를 넘어 인간 존재에 대한 성찰을 이끈다. 시인은 비어있는 것 속에서 오히려 가장 충만한 상태를 발견하고, 이를 통해 삶의 본질에 한 걸음 더 다가가고자 한다.

검은 머리
파뿌리 되도록
참고 살라 해야 할까나

빨-주-노-초-파-남-보
개성주의 세상에서

두 성깔
서로 품으며
푸른 강물 되라 했다
-「신 주례사」전문

이 시는 전통적인 결혼 가치관과 현대적인 개인주의 사회 사이에서, 공존의 의미를 되새기며 새로운 방식의 연대와 관계 맺음을 제안한다. '신新 주례사'라는 제목은 결혼식에서 흔히 들을 수 있는 고리타분한 당부 대신, 현대 사회의 맥락에 맞춘 새로운 삶의 지침을 제시하겠다는 선언적 의미를 담고 있다. 전통적 결혼 생활의 표상인 "검은 머리/ 파뿌리 되도록/ 참고 살라"는 말은 '오래도록 함께 살면서 인내하라'는 당부의 상징이었다. 그러나 시인은 이 말을 의문형으로 처리해, 단순한 인내와 희생에 기대어 지속되는 부부 관계에 대해 회의적인 시선을 드러낸다. 이어서 지금 우리가 살아가는 다양성과 자율성이 중시되는 개성주의 시대를 배경으로 설정한다. 무지갯빛 색깔로 나열된 "빨-주-노-초-파-남-보"는 각각의 사람이 가진 고유한 성향과 취향을 상징하며, 획일화된 관계 방식이 더 이상 유효하지 않음을 암시한다.

"두 성깔/ 서로 품으며/ 푸른 강물 되라 했다"는 말은 단지 참거나 억누르며 살아가는 것이 아니라, 서로 다른 성격이나 기질을 '품으며' 더불어 살아가야 함을 강조한다. 여기서 '품는다'는 말은 포용과 이해를 의미하며, 단순한 인내가 아닌 적극적인 공존의 자세를 뜻한다. 종장의 "푸른 강물"은 유연하면서도 끊임없이 흐르는 생명력의 상징으로, 서로의 차이를 받아들이고 함께 흐르는 존재로 살아가야 함을 나타낸다. 이는 단지 결혼뿐 아니라 모든 인간관계에 대한 새로운 시선이며, 타인의 차이를 억지로 지우는 대신 그것을 삶의 동력으로 삼는 것이야말로 진정한 공존임을 시인은 전한다. 시인의 전언은 결혼 생활을 넘어, 공동체 속에서 살아가는 우리 모두에게 주는 보편적인 공존의 통찰로 다가온다.

늘상
바삐 지름길로
직진했던 나의 날들

그 길이
어떤 이데올로기라 쳐도

때로는

　　굽은 오솔길

　　아날로그 뒤돌아본다

　　 -「곡선」 전문

 현대인의 삶의 방식에 대한 반성과, 그 반성에서 비롯된 새로운 삶의 방향성에 대한 사유를 담고 있다. 주체는 '지름길', '직진', '바빠'라는 말들을 통해 빠르고 효율적인 삶, 즉 속도와 성과 중심의 현대 문명을 상징적으로 표현한다. 이는 단순한 시간 절약이 아니라, 현대 사회에서 무비판적으로 추종해 온 하나의 이데올로기임을 시인은 인식한다. 여기서 '이데올로기'는 특정한 삶의 가치관이나 철학을 의미하며, 오로지 직선적 사고와 성취 지향적인 길만을 옳다고 여겨온 태도를 지칭한다. 하지만 주체는 이런 삶에 대해 회의적인 시선을 던진다. '굽은 오솔길', '아날로그', '뒤돌아본다'는 시어들은 반성적 사유와 자연적 삶, 느림의 가치로 향하는 전환의 상징이다. '굽은 오솔길'은 비효율적이고 돌아가는 길처럼 보이지만, 오히려 그 안에서 삶의 풍경과 관계, 놓치기 쉬운 것들을 천천히 성찰할 여지를 준다. 특히 '아날로그'라는 표현은 디지털화되고 가속화된 현대 문명에 대한 비판적 거리두기이자, 인간 본연의 리

듬과 감성을 회복하려는 태도를 암시한다.

이러한 사유는 자연의 원리와도 연결된다. 자연 속에서 직선보다 곡선이 더 생명력을 가지듯, 인간의 삶도 반드시 곧고 빠른 길만이 정답은 아니다. 직선은 에너지의 흐름이 없고, 때로 탈진과 번아웃burnout을 초래한다. 반면 곡선은 유연하고, 흐름을 만들며, 돌아가면서도 살아있는 생기를 품는다. 굽은 길은 느리지만 덜 소모되고, 더 많이 보고 느낄 수 있는 길이다. 시인은 빠름과 효율, 직선적 사고에 익숙한 독자에게 묻는다. 당신은 무엇을 지나치고 있는가? 돌아보지 않은 채 달려온 길 뒤에, 혹시 중요한 것이 떨어져 있지는 않은가? 시의 종장에서 '뒤돌아본다'는 말은 단순한 회고가 아니라, 삶의 방향 전환을 시사하는 의식적 행위로 읽히며, 시 전체 주제를 가장 또렷하게 드러낸다.

3.

　　A 후보는 아파트값
　　확 내리겠다 하구요
　　B 후보는 무조건
　　제값 보장하겠답니다

우리는 벼락거지랍니다
그 괴물이
오르든, 내리든
―「궤변詭辯, 벼락거지」 전문

 이 시는 부동산을 둘러싼 사회 구조적 불평등과 정치적 언설言說의 무책임함을 날카롭게 풍자한다. 시의 제목인 '궤변, 벼락거지'는 이 작품의 핵심 주제를 고스란히 드러낸다. '궤변詭辯'은 그럴듯하지만 본질을 흐리는 말장난, 즉 정치인의 공허한 약속과 선전을 지적하고 있으며, '벼락거지'는 최근 사회적 유행어로, 부동산 가격 급등으로 상대적 박탈감을 느끼는 무주택자를 상징한다. 시인은 두 명의 가상 정치 후보(A, B)를 등장시켜 부동산 정책 공약을 소개한다. A 후보는 '아파트값을 확 내리겠다'고, B 후보는 '무조건 제값을 보장하겠다'고 주장한다. 이처럼 상반된 주장들은 정치적 포퓰리즘populism의 대표적 예로, 어느 쪽도 실현 가능성보다는 표를 얻기 위한 전략적 '언쟁'에 불과하다. 시인은 이러한 말들이 사실상 '궤변'에 불과하다고 비판한다.
 하지만 이 시의 핵심은 정치인의 말이 아니라, 그 말들과는 무관하게 고통받는 '우리', 즉 서민의 현실에 있다. "우리는 벼락거지랍니다"라는 구절은 단호하면서도 자조적인 어조로, 개인의 노력이나 책임과는 무관하게 구조적 문제로 벼랑 끝에 몰린 현실을 고발한다. 여기서 '벼락'은 갑작스럽고 불가항력적인 사회 변화(특히 자산 가격 급등)를 상징하며, 개인이 그것을 따라잡지 못할 때 '거지'가 되는 비극을 풍자적으로 표현한다. "그 괴물이/ 오르든, 내리든"이라는 표현은 매우 상징적인데, 여기서 '괴물'은 아파트값, 즉 자본주의의 투기적 자산 시장 전체를 의인화한 것이다. 이 구절은 정책 방향과 상관없이 벌어지는 상대적 박탈과 계층 고착을 냉소적으로 보여준다. 시인은 이 현실이 단순한 불운이 아니라 사회 시스템 자체의 문제이며, 그 어떤 정치적 언설도 이를 해결하지 못하고 있음을 고발한다. 시인은 겉보기에는 짧고 날렵하지만, 그 안에 현대 자본주의 사회의 불공정한 자산 분배, 정치의 무책임, 개인의 무력감을 담고 있다.

보라매공원 블록 틈새에 민들레꽃 핀다

백운대 벼랑에서 토종 소나무 큰다

보육원 살던 김방긋 희망보육원장 되었다
 -「유리천장 깨다」 전문

차별과 억압을 딛고 자라나는 생명과 가능성, 그리고 사회적 한계를 넘는 인간 의지를 상징적으로 보여주는 시다. '유리천장 깨다'라는 제목은 보이지 않는 차별 구조(특히 여성, 약자, 소외 계층)를 뚫고 성취를 이루는 과정을 의미한다. "보라매공원 블록 틈새에 민들레꽃 핀다"는 구절은 척박한 환경에서 꿋꿋이 피어나는 민들레를 사회적 약자의 은유로 제시한다. 이는 유리천장 아래서도 꺾이지 않는 강인한 존재를 형상화한다. "백운대 벼랑에서 토종 소나무 큰다"는 극한 환경 속에서도 성장하는 개인이나 집단을 상징한다. 시인은 자연의 생명력과 인간 삶을 겹쳐 보며, 절망의 땅에서도 가능성은 자란다고 강조한다.

  "보육원 살던 김방긋 희망보육원장 되었다"는 구체적 사례로, 과거의 제약을 극복하고 성장한 이야기를 담담히 전한다. '김방긋'이라는 이름은 밝고 긍정적인 이미지를 주며, 희망의 서사를 완성한다. 보육원 출신임에도 조직을 이끄는 주체가 된 점에서 상징적 성취가 드러난다. 시인은 유리천장이 여전히 존재하지만, 그것이 절대적 한계는 아님을 역설한다. 진정한 가치와 능력이 있다면 막힌 길이 열릴 수 있고, 보이지 않는 장벽이 허물어지는 시대가 도래했다는 희망의 메시지를 전한다. 다만 개인의 강인함과 생명력이야말로 진정한 돌파구임을 강조한다. '민들레', '소나무', '김방긋'이라는 이미지들은 모두 유리천장을 깰 수 있는 존재임을 보여준다.

    밤새운 별 귀가하자
    새날 바로 문 연다

롯데타워 어깨 위로 도약하는 푸른 허공

    반지하
    창틈으로 배달되는
    말라빠진 햇살 조각
    -「청년 K, 아침」 전문

현대 청년 세대의 열악한 현실과 그 안에서 꿈을 향해 나아가려는 처절한 몸부림이 여기 있다. '청년 K'는 구체적 개인이라기보다, 불확실한 시대를 살아가는 수많은 청년의 집합적 자화상이다. '아침'은 하루의 시작이자, 희망 혹은 반복되는 고단함의 시작을 암시한다. "밤새운 별 귀가하자/ 새날 바로 문 연다"는 밤새워 일하거나 공부하는 청년을 떠올리게 한다. '별'은 꿈과 이상, '귀가'는 하루의 끝이자 다음 시작이다. '새날'은 희망이면서도 냉혹한 현실이기도 하다. "롯데타워 어깨 위로 도약하는 푸른 허공"은 청년의 야망과 사회가 요구하는 성공의 상징을 압축적으로 표현한다. '롯데타워'는 자본주의적 성공의 첨탑이며, '푸른 허공'은 닿기 어려운 이상을 시사한다. 이 구절은 청년들이 끊임없이 도약하지만, 목표가 비현실적일 수 있음을 암시한다.

종장 "반지하/ 창틈으로 배달되는/ 말라빠진 햇살 조각"에는 열악한 주거 환경과 삶의 조건이 적나라하게 드러난다. 반지하는 청년 빈곤층의 상징이며, '말라빠진 햇살'은 희망조차 누리지 못하는 현실의 결핍을 은유한다. 햇살이 '배달'된다는 표현은 외부에서 겨우 들어오는 희망임을 드러내 슬픈 역설을 만든다. 시인은 청년의 삶과 욕망 사이의 대비를 통해, 사회 계층 구조와 불평등 문제를 비판한다. 롯데타워와 반지하의 공간적 대비는 현실과 이상, 바닥과 정점을 상징하며, 청년이 처한 '기울어진 운동장'을 시각화한다. 이 시는 청년의 우울憂鬱에 머무르지 않고, 그들이 부조리한 현실을 견디며 살아가고 있음을 보여준다. 밤을 새우고 햇살 한 조각에도 의미를 부여하는 청년 K의 모습은 현대 사회에 보내는 연대와 위로가 아닐까?

김춘기 시인은 현대 사회에서 생존을 위해 고군분투하는 이들의 일상을 섬세하게 그려낸다. 「도미노 거리」에서는 자주 바뀌는 가게와 얼굴들을 통해, 소상공인들이 겪는 불안정한 삶과 끊임없는 재도전을 상징한다. 반면 「노량진 매미 울음」에서는 새벽부터 울어대는 매미 소리를 배경으로, 공시생들의 치열한

경쟁과 고단한 현실을 담아낸다. 변화무쌍한 도시의 풍경 속에서 각자의 위치에서 버티는 사람들의 모습을 보여주며, 그들의 삶에 깃든 불안과 끈질긴 의지를 조용히 응시한다.

4.

구십 평생 달려온
증기 기관차 아버지

휘굽은 철길 위에
그림자처럼 서계신다

강 건너
종착역에서
손짓하는 어머니
-「증기 기관차」 전문

시인은 평생을 성실하게 살아온 아버지의 인생을 증기 기관차에 비유하며, 삶의 마무리와 죽음을 앞둔 순간을 섬세하게 그려냈다. "구십 평생 달려온/ 증기 기관차 아버지"는, 느리지만 묵묵하게 한평생 가족을 위해 살아온 아버지의 삶을 상징적으로 보여준다. 증기 기관차는 KTX와 달리 속도보다 성실함과 세월의 흔적을 담고 있어, 아버지의 인생과 닮아있다. "휘굽은 철길 위에/ 그림자처럼 서계신다"는 구절처럼, 이제 활발히 달리던 기관차가 멈춰 섰듯, 아버지 역시 생의 끝자락에 다다랐음을 은유적으로 표현하고 있다. "종착역에서/ 손짓하는 어머니"의 모습은, 이미 세상을 떠난 어머니가 아버지를 맞이하듯 손짓하고 있는 장면으로, 죽음이 가까이 왔음을 암시한다. 자식은 곧 돌아가실 아버지를 바라보며, 아버지에 대한 죄스러운 마음과 그리움, 애틋한 연민을 느끼며, 동시에 삶의 무게와 죽음의 경계를 조용히 응시하는 작품이다. 짧지만 여운이 깊고, 남은 이의 애도와 사랑이 절제된 언어로 담겨있다.

"산굼부리 무릎 아래/ 가족 이룬 산담들"이 "오롱조롱/ 삐뚤빼뚤/ 엽서처럼 누워있"는 모습을 보며, 이미 "별이 된/ 할망, 하르방"을 그리워하는 「제주 산담」 역시 제주 지역의 전통적인 무덤 양식인 산담을 통해, 돌아가신 조상들에 대한 그리움과 애틋한 가족애를 표현한다. 시인은 산담을 단순한 돌담이 아니라, 눈물로 쓴 그리움의 상징으로 승화시키며, 조용한 추모와 사랑의 형상화를 이끌어낸다. "늦은 가을 해 질 녘/ 임진강 넘는 쇠백로"를 보며 "그리움 없이 사는 이들/ 이 세상에 있을까나"를 생각하는 「월경越境 - 애기봉에서」에서도 그리움이 인간 존재에 본질적으로 내재된 감정임을 조용한 어조로 들려준다.

바람 없이 떠나는 구름, 북으로 향하는 쇠백로처럼, 떠남과 이별은 자연스러운 삶의 일부이며, 그 뒤엔 언제나 그리움이 남는다. "그리움 없이 사는 이"는 없다는 마지막 구절은, 특히 실향민이나 이산가족의 아픔을 떠올리게 하며, 모든 사람이 안고 사는 상실과 그리움의 정서를 보편적으로 환기한다.

생각 없이 피는 꽃이
이 세상에 있을까나

비치미오름 가슴팍에
피고 지는 들꽃 무리

4.3 때
별이 된 아이들
여기 와서 울고 있다
 -「비치미오름에 피는 꽃」 전문

시인은 제주4.3사건으로 희생된 아이들에 대한 애도와 기억을 들꽃이라는 자연의 이미지에 빗대어 담담하게 표현한다. "생각 없이 피는 꽃이/ 이 세상에 있을까나"라는 질문은, 자연 속 들꽃조차 의미 없이 존재하지 않음을 말하며, 그 꽃을 통해 억울하게 쓰러져 간 어린 생명들을 떠올리게 만든다. 비치미오름 가슴에 피고 지는 들꽃은, 자연의 순환처럼 되풀이되는 생과 사, 그리고 고요히 남은 자들의 슬픔과 기억을 상징한다. 마지막 연에서 "별이 된 아이들/ 여기 와서 울고 있다"는 표현은, 비극적 죽임을 당한 아이들이 비치미오름의 꽃으로 환생해 이 땅을 떠나지 못하고 슬퍼하고 있음을 은유하며, 독자에게 역사적 기억과 애도의 감정을 환기한다.

김춘기 시인은 「캄보디아 칼란디바」에서 시엠립 거리에서 맨발로 물건을 파는 소녀를 통해, 어린 나이에 생존을 위해 거리로 내몰린 삶의 비극을 보여준다. 또한 「아이티 아나이스」에서는 진흙 과자를 종일 오물거리며 연명하는 소녀의 모습을 통해, 극한의 빈곤 속에서도 조용히 버티는 생명을 그린다. 「북촌리 동백꽃」에서는 그런 현실을 마주하며, 비록 처절한 환경일지라도 꺾이지 않고 피어나는 강인한 의지와 저항을 '겨울에 피는 동백'으로 상징화한다. 시인은 세계 곳곳의 고통받는 아이들과 여성들의 삶을 응시하며, 그 속에 숨어있는 고요한 울분, 연민, 그리고 꺾이지 않는 존재의 가치를 시적으로 드러낸다.

당신은 돌섬 아닌
바다 저 끝 끓는 심장

줄파도 막아내는
토종 고래 외고집이죠

반만년
척후병이죠, 금수강산 보물이죠
 -「독도」전문

  이 시는 독도를 단순한 외딴 '돌섬'이 아닌, 끓는 심장을 지닌 생명체이자 민족의 수호자로 형상화하며, 강한 의지와 역사적 상징성을 드러낸다. "줄파도 막아내는/ 토종 고래 외고집"이라는 표현은 독도가 오랜 세월 거센 외세의 침탈과 파도 같은 위협을 견뎌온 존재임을 상징한다. 또한 "반만년/ 척후병"이라는 상징을 통해, 독도는 단지 지정학적 공간이 아닌, 한민족의 역사와 문화를 지켜온 전초기지이자 보물로 묘사된다. 우리가 잘 알듯이 독도는 군사적·경제적 가치뿐 아니라 민족 정체성의 핵심 상징이다. 시는 이를 감정적으로 고조하기보다, 생명력을 부여하는 시적 언어로 재해석함으로써 독도의 존재가 영토를 넘어선 정신적 자산임을 강조한다.

5.

상류로 날아가는 M16 실탄들
폭풍우 강심에서 탁류 물살 가르는

작아도
어기찬 반골이
바꿨구나, 세상을
 -「피라미」 전문

  작고 연약한 존재가 세상의 거센 흐름에 맞서 저항하며 변화를 만들어내는 힘을 상징적으로 그려낸 시다. '피라미'는 흔히 하찮게 여겨지는 존재지만, 시인은 그것을 생김새가 유사한 'M16 실탄'에 비유함으로써 강력한 저항성과 전복의 힘을 부여한다. 거센 폭풍우와 탁류 속에서도 상류를 향해 헤엄치는 피라미는, 사회에 순응하지 않고 자기 길을 가려는 개인이나 사회적 약자를 상징한다. "작아도/ 어기찬 반골"이라는 문장은 작지만 뚜렷한 신념과 힘을 가진 존재가 세상을 바꿀 수 있다는 강한 선언이다. 시인은 단지 생존의 문제가 아니라, 불의한 질서에 저항하고, 주체적으로 삶을 선택하는 태도를 강조한다. '피라미'와 같은 작은 존재조차도 체제를 뒤흔드는 변화의 주체가 됨을 역설하며, 이는 위정자나 권력자들에게 보내는 묵직한 경고의 메시지로 읽히게 한다.

> 법원리 민주 아재
> 편의점 말아먹고
> 송추 친구 빚보증에
> 빌라까지 날렸지만
>
> 삶이란
> 토너먼트가 아닌 것
> 눈빛 아직 살아있다
> -「패자 부활전」전문

시인은 실패한 인생도 끝난 것이 아님을 강조하며, 삶에 대한 의지와 회복의 가능성을 따뜻하게 전한다. 편의점 폐업, 친구 빚보증, 집까지 잃은 현실은 뼈아픈 실패의 서사지만, 시인은 "삶이란/ 토너먼트가 아닌 것"이라는 구절을 통해 삶이 단판 승부가 아님을 일깨운다. 여전히 살아있는 '눈빛'은 굴복하지 않는 인간의 존엄과 희망을 상징한다. 패자도 다시 일어설 수 있다는 가능성과 위로를 담으며, 상처 입은 이들에게 조용한 응원을 건넨다.

김춘기 시인은 세계의 소외된 이들, 특히 가난한 아이들, 여성, 열악한 노동자들의 삶을 조용하지만 강한 목소리로 전한다. 캄보디아의 거리에서, 아이티의 진흙 바닥에서, 북촌리의 매서운 겨울바람 속에서 시인은 보이지 않는 고통과 외면당한 존엄을 들여다본다. 이들의 공통점은, 고단한 삶 속에서도 끝내 꺾이지 않는 존재의 의지가 충만하다는 점이다. 맨발로, 굶주린 배로, 혹은 목이 잘릴 것을 각오하고서라도 한 송이 들꽃처럼, 동백처럼 피어나는 그 힘은 작고 여리지만, 힘이 있다. 시인은 이들의 삶에 대해 단순한 연민을 넘어서, 그 슬픔을 기억하고 응시해야 할 우리의 책임을 환기한다. 세계 곳곳의 슬픔과 이별, 그리움과 저항을 담은 시편들을 통해 우리는 인간이라는 공통된 감정의 언어로 서로 연결되어 있음을 다시 한번 느끼게 된다. 김춘기 시인은 말한다. 이 고요한 울음에 귀 기울이지 않는다면, 우리는 너무 쉽게 무뎌진 존재가 되어버릴지도 모른다고.

어따 대고
—
초판 1쇄 2025년 11월 21일
지은이 김춘기
펴낸이 김영재
펴낸곳 책만드는집
—
주소 서울 마포구 양화로3길 99, 4층 (04022)
전화 3142-1585·6
팩스 336-8908
전자우편 chaekjip@naver.com
출판등록 1994년 1월 13일 제10-927호
ⓒ 김춘기, 2025
—
* 이 책의 판권은 저작권자와 책만드는집에 있습니다.
  이 책 내용의 전부 또는 일부를 재사용하려면 양측의 동의를 받아야 합니다.
* 잘못 만들어진 책은 구입하신 서점에서 바꾸어 드립니다.
* 이 책은 제주특별자치도, 제주문화예술재단의 2025년도 문화예술지원사업의 후원을 받아 발간하였습니다.
—
ISBN 978-89-7944-913-6 (04810)
ISBN 978-89-7944-513-8 (세트)